# BEI GRIN MACHT SICH IHR WISSEN BEZAHLT

- Wir veröffentlichen Ihre Hausarbeit, Bachelor- und Masterarbeit

- Ihr eigenes eBook und Buch - weltweit in allen wichtigen Shops

- Verdienen Sie an jedem Verkauf

Jetzt bei www.GRIN.com hochladen und kostenlos publizieren

**Bibliografische Information der Deutschen Nationalbibliothek:**

Die Deutsche Bibliothek verzeichnet diese Publikation in der Deutschen Nationalbibliografie; detaillierte bibliografische Daten sind im Internet über http://dnb.d-nb.de/ abrufbar.

Dieses Werk sowie alle darin enthaltenen einzelnen Beiträge und Abbildungen sind urheberrechtlich geschützt. Jede Verwertung, die nicht ausdrücklich vom Urheberrechtsschutz zugelassen ist, bedarf der vorherigen Zustimmung des Verlages. Das gilt insbesondere für Vervielfältigungen, Bearbeitungen, Übersetzungen, Mikroverfilmungen, Auswertungen durch Datenbanken und für die Einspeicherung und Verarbeitung in elektronische Systeme. Alle Rechte, auch die des auszugsweisen Nachdrucks, der fotomechanischen Wiedergabe (einschließlich Mikrokopie) sowie der Auswertung durch Datenbanken oder ähnliche Einrichtungen, vorbehalten.

**Impressum:**

Copyright © 2017 GRIN Verlag
Druck und Bindung: Books on Demand GmbH, Norderstedt Germany
ISBN: 9783668825772

**Dieses Buch bei GRIN:**

https://www.grin.com/document/445256

Lisa Schmidt

# Fähigkeiten und Planung im Kursbereich. Gruppentraining und Wirbelsäulengymnastik

GRIN Verlag

**GRIN - Your knowledge has value**

Der GRIN Verlag publiziert seit 1998 wissenschaftliche Arbeiten von Studenten, Hochschullehrern und anderen Akademikern als eBook und gedrucktes Buch. Die Verlagswebsite www.grin.com ist die ideale Plattform zur Veröffentlichung von Hausarbeiten, Abschlussarbeiten, wissenschaftlichen Aufsätzen, Dissertationen und Fachbüchern.

**Besuchen Sie uns im Internet:**

http://www.grin.com/

http://www.facebook.com/grincom

http://www.twitter.com/grin_com

Deutsche Hochschule für
Prävention und Gesundheitsmanagement
Hermann Neuberger Sportschule 3
66123 Saarbrücken

# Einsendeaufgabe

| | |
|---|---|
| **Fachmodul:** | Gruppentraining I |
| **Studiengang:** | Fitnessökonomie |
| **Datum Präsenzphase:** | 20.06.-23.06.2017 |
| **Name, Vorname:** | Schmidt, Lisa |
| **Studienort:** | **Stuttgart** |
| **Semester:** | **WS 16/17** |

# Inhaltsverzeichnis

1 MOTORISCHE FÄHIGKEITEN IM KURSBEREICH ................ 3

   1.1 Kraft ................ 3

   1.2 Ausdauer ................ 4

   1.3 Beweglichkeit ................ 5

   1.4 Koordination ................ 6

2 EXTERNE BEDINGUNGEN EINER KURSEINHEIT ................ 6

3 KURSPLANANALYSE ................ 8

4 PLANUNG EINER WIRBELSÄULENGYMNASTIK ................ 10

   4.1 Zielgruppe ................ 10

   4.2 Material ................ 10

   4.3 Stundenplanung ................ 10

   4.4 Begründung ................ 14

5 LITERATURVERZEICHNIS ................ 14

6 TABELLENVERZEICHNIS ................ 14

# 1 Motorische Fähigkeiten im Kursbereich

## 1.1 Kraft

„Kraftfähigkeit ist die konditionelle Basis für Muskelleistungen mit Krafteinsätzen, deren Werte über 30 Prozent der jeweils individuellen realisierbaren Maxima liegen" (Martin, Carl & Lehnertz, 1993; zitiert nach Eifler, 2016, S.21). Kraft äußert sich in den drei Erscheinungsformen Maximalkraft, Schnellkraft und Kraftausdauer. Die Maximalkraft bildet die Basisfähigkeit für die beiden anderen Kraftfähigkeiten, weshalb Kraftausdauer und Schnellkraft abhängig von der Maximalkraft sind (Schmidtbleicher & Güllich, 1999; zitiert nach Eifler, 2016, S.21). Die Maximalkraft stellt die Kraft dar, welche höchstmöglich durch willkürliche Muskelkontraktion realisierbar ist (Martin et al., 1993; zitiert nach Eifler, 2016, S.22). Die Schnellkraft ist die Fähigkeit, einen höchst möglichen Kraftstoß innerhalb kürzester Zeit zu realisieren (Martin et al., 1993; zitiert nach Eifler, 2016, S.21). Die Kraftausdauer beschreibt die Ermüdungswiderstandsfähigkeit bei statischer oder dynamischer Arbeitsweise der Muskulatur gegen höhere Lasten. Damit kennzeichnet die Kraftausdauer die Fähigkeit, den Kraftverlust bei einer bestimmten Wiederholungszahl innerhalb eines bestimmten Zeitraums möglichst gering zu halten (Martin et al., 1993; zitiert nach Eifler, 2016, S.22).

Tab. 1: Ausgewählte Kraftübungen im Kursbereich und ihre Erscheinungsform

| Übung | Ausführung | Wiederholungszahl | Satzzahl | Erscheinungsform der Kraft |
|---|---|---|---|---|
| Kniebeugen im Ausfallschritt (dynamisch) | Ausgangsposition: beidbeiniger hüftbreiter Stand Bewegungsausführung: mit einem Bein wird ein Ausfallschritt nach hinten gemacht, der Körperschwerpunkt wird vertikal nach unten abgesenkt und beide Kniegelenke werden gebeugt bis das hintere Knie fast den Boden berührt, das vordere Kniegelenk bleibt in der Position hinter den vorderen Zehenspitzen wobei der Kniewinkel maximal 90° beträgt, nun werden beide Beine wieder gestreckt Endposition: Stand mit einem Bein im Ausfallschritt, beide Beine gestreckt | 20 | 2 | Kraftausdauer |

| | | | | |
|---|---|---|---|---|
| Kräftigung der Gesäßmuskulatur im Unterarmstütz (dynamisch) mit gestrecktem Kniegelenk | Ausgangsposition: Unterarmstütz Bewegungsausführung: ein Bein wird vom Boden abgehoben und mit gestrecktem Kniegelenk nach hinten in die Verlängerung des Rückens ausgestreckt, diese Seite wird im Hüftgelenk gestreckt und das gestreckte Bein in Richtung Decke angehoben bis Bein und Oberkörper eine Linie bilden, das Becken bleibt gerade Endposition: nach erfolgter Hüftstreckung wird das Bein wieder in Richtung Boden abgesenkt | 20 | 2 | Kraftausdauer |

## 1.2 Ausdauer

„Ausdauer ist die Fähigkeit, physisch und psychisch lange einer Belastung zu widerstehen, deren Intensität und Dauer letztendlich zu einer unüberwindbaren (manifesten) Ermüdung (= Leistungseinbuße) führt, und/oder sich nach psychischen Belastungen rasch zu regenerieren" (Zintl, 1997; zitiert nach Eifler, 2016, S.24). Die Ausdauer äußert sich in unterschiedlichen Erscheinungsformen. Je nach Größenordnung der eingesetzten Muskulatur (allgemeine vs. lokale Ausdauer), dem Aspekt der Energiebereitstellung (aerobe vs. anaerobe Ausdauer) und dem Aspekt der Muskelarbeitsweise (dynamische vs. statische Ausdauer) werden verschiedene Untergliederungen bzw. Formen der Ausdauer unterschieden. Des Weiteren kann die Ausdauer unter dem Aspekt der zeitlichen Belastungsdauer in Kurzzeit-, Mittelzeit- und Langzeitausdauer unterschieden werden (Eifler, 2016, S.25).

Tab. 2: Schritte der Ausdauerleistungsfähigkeit im Kursbereich und deren Erscheinungsform

| Schritte | Bewegungsausführung | Belastungsdauer | Erscheinungsform der Ausdauer |
|---|---|---|---|
| March (Aerobic) | Es wird ganz natürlich auf der Stelle gegangen | 40 Sekunden | Kurzzeitausdauer |
| V-Step (Aerobic) | Ausgangsposition: beidbeiniger hüftbreiter Stand Bewegungsablauf: es wird aus der Grundstellung heraus mit dem rechten Bein ein Schritt nach vorne rechts gemacht, dann folgt das linke Bein mit einem Schritt nach vorne links in die Grätschposition, das rechte Bein wird wieder zurückgenommen und das linke Bein folgt neben das rechte Endposition: beidbeiniger hüftbreiter Stand | 4 Minuten | Mittelzeitausdauer |

## 1.3 Beweglichkeit

„Beweglichkeit ist die Fähigkeit, Bewegungen willkürlich und gezielt mit der erforderlichen bzw. optimalen Schwingungsweite der beteiligten Gelenke ausführen zu können" (Martin et al., 1993; zitiert nach Eifler, 2016, S.27). Faktoren, welche die Beweglichkeit beeinflussen sind zB. das Geschlecht, die Tageszeit, die Gelenkigkeit, das Alter, die Psyche und der Ermüdungsgrad der Muskulatur.

Tab. 3: Dehnübungen und dazugehörige Dehnmethoden

| Dehnübung | Übungsausführung | Dehnmethode |
|---|---|---|
| Dehnung der rückseitigen Oberschenkelmuskulatur (statisch) im Stand | Ausgangsposition: beidbeiniger hüftbreiter Stand Bewegungsausführung: die Beine werden zuerst leicht gebeugt und das Gesäß etwas nach hinten unten abgesenkt, dann wird ein Bein nach vorne in einer leichten Schrittstellung aufgesetzt und gestreckt während das hintere Bein gebeugt bleibt, der Oberkörper wird leicht nach vorne geneigt und das Becken wird gekippt (Dehnposition) Endposition: für eine statische Durchführung der Dehnung wird diese Dehnposition gehalten | Statische Dehnmethode |
| Dehnung der Schulterblattfixatoren (statisch) im Stand | Ausgangsposition: beidbeiniger hüftbreiter Stand Bewegungsausführung: beide Hände werden vor dem Körper verschränkt und die Arme in Schulterhöhe nach vorne vor den Körper gestreckt, Schulterblätter werden aktiv weg von der Wirbelsäule nach vorne gezogen (Dehnposition), zusätzlich wird der | Statische Dehnmethode |

| | Kopf nach vorne geneigt und die Schultern bleiben tief Endposition: für eine statische Ausführung der Dehnung wird diese Position gehalten | |

## 1.4 Koordination

„Aus neuromuskulärer Sicht bezeichnet Koordination das Zusammenwirken von Zentralnervensystem und Skelettmuskulatur innerhalb eines gezielten Bewegungsablaufes" (Hollmann & Hettinger, 1990; zitiert nach Eifler, 2016, S.30). Zur Koordination gehören die intramuskuläre Koordination und die intermuskuläre Koordination. Die intramuskuläre Koordination beschreibt das Zusammenspiel von Nerv und Muskelfasern innerhalb eines Muskels bei einer Bewegung und die intermuskuläre Koordination beschreibt das Zusammenspiel von verschiedenen beteiligten Muskeln bei einer Bewegung (Eifler, 2016, S.32).

Tab. 4:: Übungen intermuskuläre Koordination

| Übung | Übungsausführung |
|---|---|
| Einbeinige Kniebeuge auf Wackelbrett | Beidbeiniger Stand auf einem Wackelbrett, beide Knie werden leicht gebeugt maximal 40°, Oberkörper wird im Hüftgelenk leicht nach vorne gebeugt, Arme werden zum ausbalancieren benutzt, ein Fuß wird vom Wackelbrett gehoben, sodass die Oberschenkel parallel nebeneinander sind, Position wird gehalten |
| Unterarmstütz auf Pezziball | Beidbeinig auf die Knie gestützt hinter einem Pezziball, beide Unterarme parallel zueinander oberhalb auf den Pezziball ablegen, beide Füße sind parallel zueinander auf dem Boden abgestellt, Hüfte wird angehoben, indem Knie durchgestreckt werden und das Gewicht auf die Zehenspitzen gebracht wird, Hüfte und Beine und Rücken sind in einer Linie, Oberkörper wird von den Unterarmen gestützt, Schultern dabei weit von den Ohren entfernt, Halswirbelsäule in Verlängerung mit Brustwirbelsäule (Blick auf Pezziball gerichtet) |

## 2 Externe Bedingungen einer Kurseinheit

Bei der Planung einer Kursstunde spielen die Rahmenbedingungen, die Zielgruppe und die Zielsetzung eine wichtige Rolle. Zu den Rahmenbedingungen zählt die Auswahl der passenden Räumlichkeit. Die Größe der Räumlichkeit nimmt maßgeblichen Einfluss auf das Gelingen eines Kurses, denn ein zu kleiner Raum kann in Hinblick auf eine zu hohe Teilnehmerzahl zu Einschränkungen in Übungsausführungen durch zu wenig Platz pro

Person führen. Ebenso enorm wichtig für eine Kursstunde ist die Ausstattung. Die Anzahl an Hilfsmitteln wie zB. Kleingeräten muss vor der Kursstunde überprüft werden, damit jeder Teilnehmer die für den Kurs nötige Ausstattung besitzt. Die Zielgruppe einer Kursstunde muss genauso beachtet werden wie die Rahmenbedingungen, denn in Hinblick auf das Alter der Teilnehmer müssen Kursinhalte und Kursziele angepasst und gegebenenfalls flexibel geändert werden. Die Schwierigkeit der Inhalte einer Kursstunde sollten mit einem Leistungslevel gekennzeichnet sein, damit man effektiv und an das Leistungslevel der Teilnehmer angepasst arbeiten kann. Wird dies nicht beachtet, könnten Teilnehmer gelangweilt von einem zu niedrigen Leistungslevel oder abgeschreckt von einem zu hohen Leistungslevel sein. Mit Angabe des Leistungslevels kann sich der Teilnehmer grobe Vorstellungen über Inhalte der Stunde machen, was Frustration und Demotivation verringert. Als dritter wichtiger Aspekt ist die Zielsetzung eines Kurses als wichtiger Bestandteil nicht zu vernachlässigen. An der Zielsetzung orientiert sich der Gruppentrainer hinsichtlich der Übungswahl und der Gestaltung des Hauptteils. Die Zielsetzung sollte klar definiert sein in kurz- und langfristige Ziele. So kann der Gruppentrainer die Inhalte auf die Teilnehmer abstimmen und für diese wird klar weshalb bestimmte Übungen zum Erreichen ihres Ziels eingesetzt werden. Hierbei kann der Gruppentrainer ein Ziel für die Kursstunde aussprechen, was gemeinsam erreicht werden soll. Dieses Ziel gilt als kurzfristiges Ziel und jeder Teilnehmer ist motiviert dieses zu erreichen. Als Ausblick auf kommende Kursstunden kann der Gruppentrainer Übungen mit komplexeren Ausführungen ansprechen, um langfristige Ziele und den Willen dieses Ziel zu erreichen bei den Teilnehmern hervorzurufen.

# 3 Kursplananalyse

Tab. 5: Kursplan

| Montag | Dienstag | Mittwoch | Donnerstag | Freitag | Samstag | Sonntag | |
|---|---|---|---|---|---|---|---|
| 10.30 Body pump ® 11.30 Zumba | 10.30- 11.30 Indoor Cycling 11.30 RückenFit | 10.30 Step Aerobic 11.30 - 12.30 BBP | 10.30- 11.15 Bauch pur 11.30 Indoor Cycling | 11.30 Zumba 12.30-13.30 Bauch pur | 11.00 Indoor Cycling | | |
| | | | | | 15.00 BBP | | |
| 17.30 BBP 18.30 Indoor Cycling | 17.00- 18.00 Zumba 18.00 Bauch pur | 19.30 Indoor Cycling | 17.30- 18.30 Zumba 18.30 Bauch pur | 18.30 Yoga 19.30 Ganzkörper-Fitness | **Öffnungszeiten**: Mo. bis Fr. 8.30-21 Uhr Sa. Und So. 9.00-18 Uhr Feiertags 9.00-18 Uhr | | |
| | | | | | **Kinderbetreuung**: Mo. bis Fr. 10.00-12 Uhr | | |
| Kursplan gültig vom 01.04.-01.09.2017 | | | | | | | |

Wenn man den in Tab. 5 abgebildeten Kursplan betrachtet, können aus organisatorischer, trainingswissenschaftlicher und wirtschaftlicher Sichtweise Verbesserungen vorgenommen werden. Aus wirtschaftlicher Sicht ist die Auslastung des Kursraums nicht sehr rentabel für das Studio, denn der Kursraum ist die meiste Zeit leer, verursacht jedoch trotzdem Kosten. Um diesen Aspekt zu optimieren und mehr Rendite aus der Auslastung des Kursraumes zu erzielen, ist es sinnvoll die Kurse morgens früher beginnen zu lassen. Das Studio hat schon 2 Stunden geöffnet bevor der erste Kurs beginnt. Diese beiden Stunden könnte man zusätzlich mit Kursen füllen. Ebenso ist der Kursraum unter der Woche über die Mittagszeit nicht belegt. Hier besteht die Möglichkeit eine Kooperation mit Schulen, Tanzschulen oder Vereinen zu schließen, damit der Kursraum durch Vermietung rentabler wird. Der Kurs Body Pump ® ist ein lizensierter Kurs für den das Studio Lizenzgebühren zahlen muss, um ihn anzubieten. Da dieser Kurs nur einmal in der Woche stattfindet, wäre es sinnvoll ihn bei hoher Kursauslastung öfter anzubieten oder bei niedriger Kursauslastung komplett zu streichen, um sich die Lizenzkosten entweder zu sparen oder sie rentabel für das Studio zu machen. Aus organisatorischer Sicht gibt es einige Punkte zu bemängeln. Die Anfangszeiten der Kurse sind angegeben, jedoch fehlen Länge des Kurses bzw. die Endzeiten bei den meisten Kursen komplett. Eine Angabe der Kurslänge bzw. der Endzeit ist für die Teilnehmer ein wichtiger Punkt, da sie ihren Tag somit besser planen können und einen Kurs eher besuchen, wenn sie über die Endzeiten informiert sind als wenn sie den Kurs zeitlich nicht in ihren Tag einplanen können. Auch für die Gruppentrainer ist die Endzeit eines Kurses für die Planung der Kursstunde von hoher Bedeutung. Ebenso sollten mindestens 5 Minuten Pause zwischen zwei aufeinander folgenden Kursen eingeplant werden, damit die Gruppentrainer die Möglichkeit haben Kleingeräte aufzuräumen, Materialien für die nächste Kursstunde vorzubereiten, sich von den Teilnehmern verabschieden können, Zeit ist für eine kurze Pause für den Gruppentrainer und damit die Teilnehmer genügend Zeit haben, um den Kursraum zu verlassen bzw. zu betreten. Der Kursplan sollte zu studiospezifischen Zeiten mehr Kurse anbieten. Auffällig ist, dass die Kurse am frühen Abend zu Ende sind, obwohl das Studio bis 21 Uhr geöffnet hat. Zu Stoßzeiten bieten Kurse eine Entzerrung des Geräteparks und die Wahrscheinlichkeit, dass die Auslastung der Kurse höher ist, ist gegeben. Für die Mitglieder des Studios ist es entgegenkommend, wenn sie auch spätere Kurse besuchen können, da der Großteil vermutlich berufstätig ist und frühere Kurse nicht besuchen kann. Die Mitglieder sind zufriedener, wenn sie mehrere Möglichkeiten haben, um an Kursen teilzunehmen, was eine höhere Bindung an das Studio und eine niedrigere Fluktuationsrate mit sich bringt. Aus trainingswissenschaftlicher Sicht gilt es zu bemängeln, dass die Kurse nicht in Leistungsstufen unterteilt sind. Der Kurs „Indoor Cycling" wird sehr häufig angeboten, jedoch wird aus dem Kursplan nicht ersichtlich, ob es unterschiedliche Leistungsstufen gibt. Eine Angabe von Leistungsstufen ist vor allem bei häufig angebotenen Kursen wichtig, denn Teilnehmer die diesen Kurs regelmäßig besuchen haben nach einer bestimmten Zeit den Willen sich selbst zu verbessern, was bei einem fehlenden Angebot zu Frustration und Unzufriedenheit führt. Ebenso ist die Reihenfolge der Kurse ausbaufähig, da entspanntere Kurse wie „Yoga" so gut wie gar nicht vorhanden sind oder vor anstrengenderen Kursen wie „Ganzkörperfitness" stattfinden. Die Mitglieder sollten die Möglichkeit haben mehrere Kurse hintereinander zu besuchen. Es wäre sinnvoller einen Yoga-Kurs oder Entspannungskurs als letzten Kurs des Tages am Abend stattfinden zu lassen, damit die Mitglieder zu Ruhe kommen können und nach vorherigen Teilnahmen an anstrengenderen Kursen einen runden Abschluss des Tages erleben können. Positiv an vorliegendem Kursplan ist, dass die Öffnungszeiten, sowie die Zeiten der Kinderbetreuung und die zeitliche Gültigkeit des Planes ersichtlich sind.

## 4 Planung einer Wirbelsäulengymnastik

### 4.1 Zielgruppe

Die Kursstunde aus dem Kurs „Wirbelsäulengymnastik" (WSG) ist eine präventive Einheit, deren Schwerpunkt auf der Kräftigung der rumpfstabilisierenden Muskulatur liegt. Der Kurs ist für männliche als auch weibliche Teilnehmer im Alter von 20-50 Jahren ohne Vorkenntnisse und ohne Erkrankungen geeignet. Die Gruppengröße darf auf Grund der gegebenen Räumlichkeiten und unter Berücksichtigung von genügend Platz pro Person 15-20 Teilnehmer nicht überschreiten.

### 4.2 Material

In der Kursstunde werden Gymnastikmatten benötigt. Jeder Teilnehmer bekommt eine davon.

### 4.3 Stundenplanung

Vor der Kursstunde begrüßt der Gruppentrainer die Teilnehmer und nennt das Stundenziel, gibt Informationen über die Stunde und motiviert.

Tab. 6: Allgemeine Erwärmung WSG

Phase: Allgemeine Erwärmung (ca. 4 Minuten/ Musik 125bpm)

| Ziel der Übung | Name der Übung | Übungsbeschreibung | Belastungsgefüge | Bemerkungen/Hinweise |
|---|---|---|---|---|
| Herz-Kreislauf-System vorbereiten | „March" →Aerobic-Schritt | Hüftbreiter Stand, auf der Stelle laufen, rechtes und linkes Bein abwechselnd anheben und wieder absetzen | 2 Minuten | Während des „March" die Arme schwungvoll neben dem Körper schwingen, im Ellenbogengelenk dabei 90° und Spannung in der Armmuskulatur |
| Mobilisation der Gelenke | „leg curl" re. /li. | Abwechselnd das linke und rechte Bein heben und das Gewicht dabei auf das jeweils andere Bein geben, das Spielbein wird dabei an das Gesäß geführt | 2 Minuten | Arme werden im Schulter- & Ellenbogengelenk ca. 90° gebeugt vor den Körper gehoben, während des Schrittes werden die Arme vor den Körper zusammengeführt und von dort aus in eine leichte Überstreckung im Ellenbogengelenk nach hinten geführt |

Tab. 7: spezielles Aufwärmen WSG

Phase: spezielles Aufwärmen (ca. 4 Minuten/ Musik 120bpm)

| Ziel der Übung | Name der Übung | Übungsbeschreibung | Belastungsgefüge | Bemerkungen/Hinweise |
|---|---|---|---|---|
| Vorbereitung der im Hauptteil belasteten Muskulatur (Extension, Flexion, Lateralflexion, Rotation HWS) | Kopf heben und senken | Kinn langsam Ri. Brust und zurück in AP | 30 Sekunden | Keine Überstreckung, langsam und kontrolliert Wirbel für Wirbel aufrollen |
| | Kopf seitlich neigen | Kopf seitlich mit Ohr Ri. Schulter neigen li. /re. abwechselnd | 30 Sekunden | Schultern dabei entspannt, Arme neben Körper hängen |
| | Kopfdrehung | Mit Kopf langsam nach rechts schauen, zurück in die AP, nach links schauen | 30 Sekunden | Nur Kopf bewegt sich auf einer Ebene, Schultern dabei entspannt |
| Vorbereitung der Muskulatur (Extension, Flexion, Rotation, Lateralflexion BWS) | Oberkörperbücken | Mit Oberkörper und Händen so weit wie möglich Ri. Boden beugen und zurück in AP in den aufrechten Stand | 30 Sekunden | Langsam und kontrolliert Wirbel für Wirbel aufrollen |
| | Oberkörperdrehung | Schulterbreiter Stand, leichte Kniebeuge, Hände vor der Brust verschränken, Drehung des Oberkörpers nach re. /li. Abwechselnd | 30 Sekunden | Hüfte und Beine bleiben stabil, Rotation nur im -oberkörper |
| | Oberkörperseitneigung | Schulterbreiter Stand, re. Arm geht dicht an re. Oberschenkelaußenseite entlang i.R. Knie, li. Arm geht über den Kopf rechts mit, dann andere Seite | 30 Sekunden | Beine bleiben gestreckt |
| Vorbereitung der Muskulatur (Rotation, Extension, Flexion LWS) | Drehung mit Ausfallschritt | Ausfallschritt re., Knie 90°, Arme seitlich neben dem Körper auf Brusthöhe, Drehung nach re.-Mitte-li., Beinwechsel | 30 Sekunden | Oberkörper aufrecht, Knie nicht vor Fußspitze schieben, Hüfte bleibt stabil |
| | Oberkörperneigung mit Ausfallschritt | Ausfallschritt re., Hände in die Hüfte, Oberkörper nach vorne neigen und wiederaufrichten, Beinwechsel | 30 Sekunden | Daumen zeigen in Hüfte nach vorne für aufrechte Haltung |

## Tab. 8: Hauptteil WSG

| Phase: Hauptteil (ca. 30 Minuten/Musik 105bpm) | | | | |
|---|---|---|---|---|
| Ziel der Übung | Name der Übung | Bewegungsbeschreibung | Belastungsgefüge | Bemerkungen/Hinweise |
| Kräftigung der rückseitigen Rumpfmuskulatur | Butterfly Reverse im Stand (dynamisch) | Arme in U-Haltung neben dem Kopf gehalten, im Stand die Beine ca. 120° beugen, Hüfte 90°, Arme und Schulterblätter in Richtung Wirbelsäule zurückziehen und wieder lösen | 3 Sätze 15 Wiederholungen dazwischen 20 Sekunden Pause | Beim Lösen der Übung beide Arme vor den Körper zusammen führen bis diese sich fast berühren, Spannung in der Muskulatur aufrecht erhalten |
| Kräftigung der unteren Rumpfmuskulatur | Wirbelsäulen-Rotation im Kniestand (dynamisch) | Kniestand, Oberkörper wird mit geradem Rücken ca. 40° nach vorne gebeugt, Hände im Nacken gefaltet, Ellenbogen zeigen nach außen, Oberkörper wird beidseitig bis zur maximal erreichbaren Endposition zur Seite rotiert und wieder zur AP gebracht | 3 Sätze 15 Wiederholungen beidseitig dazwischen 20 Sekunden Pause | Spannung in der Bauchmuskulatur aufrecht halten, Atmung kontrollieren, Rotation gleichmäßig und kontrolliert |
| Kräftigung der seitlichen Rumpfmuskulatur | Seitstütz (statisch) | Seitstütz, Beine im Kniegelenk ca. 90° gebeugt, Unterschenkel liegen auf dem Boden, Oberkörper wird auf dem Unterarm abgestützt, Hüfte gestreckt, Becken wird maximal vom Boden angehoben und Position wird gehalten | 3 Sätze 30-30-30 in Sekunden | Ellenbogen direkt unter der Schulter lassen, Blick bleibt nach vorne gerichtet |
| Kräftigung der rückseitigen Rumpfmuskulatur | Oberkörperheben aus der Bauchlage (dynamisch) | Bauchlage, Arme in U-Haltung auf Kopfhöhe, Oberkörper wird mit fixierten Armen vom Boden leicht abgehoben und wieder abgesenkt | 3 Sätze 15 Wiederholungen dazwischen 20 Sekunden Pause | Grundspannung in Gesäß- und Rückenmuskulatur, Übungsausführung langsam und kontrolliert |
| Kräftigung der Rumpfmuskulatur | Statischer Unterarmstütz | Während dem Unterarmstütz mit gestreckten Beinen werden Becken und Rumpf vom Boden gehoben und in dieser Endposition gehalten. | 3 Sätze 30-30-30 in Sekunden | Oberkörper, Becken und Beine bilden eine Linie, Spannung in Gesäß und Rücken aufrecht halten, Ellenbogen sind direkt unterhalb des Schultergelenks abgestützt, Atmung kontrollieren |
| Kräftigung der Wirbelsäulenlateralflexoren | Wirbelsäulen-Lateralflexion in Bauchlage (statisch) | Bauchlage, Füße werden aufgestellt, Oberkörper leicht anheben, Hände im Nacken verschränkt, Wirbelsäulenlateralflexion ausführen und Position halten | 3 Sätze 30-30-30 in Sekunden | Spannung in Bauchmuskulatur aufrechterhalten, Atmung kontrollieren, Blick nach unten gerichtet |
| Kräftigung der Bauchmuskulatur | Oberkörperheben in Rückenlage (Crunch gerade dynamisch) | Rückenlage, Beine angewinkelt und Füße aufgestellt, Fersen drücken aktiv in den Boden, Hände re. und li. vom Kopf auf Ohrenhöhe, Ellenbogen zeigen nach außen, Kopf ist angehoben, Kinn eine faustbreite vom Brustbeineine entfernt, Schultergürtel bis zur LWS vom Boden aufgerollt und wieder in AP gebracht | 3 Sätze 15 Wiederholungen dazwischen 20 Sekunden Pause | Langsame und kontrollierte Bewegungen aus der Bauchmuskulatur heraus, Schwung vermeiden, Atmung kontrollieren |

Tab. 9: Cool-down II WSG

| Phase: Cool-down II (ca. 8 Minuten/ Musik 80bpm) | | | | | |
|---|---|---|---|---|---|
| Ziel der Übung | Name der Übung | Übungsbeschreibung | | Belastungsgefüge | Bemerkungen/Hinweise |
| Steigerung des Wohlbefindens, runder Ausklang der Stunde | Phantasiereise | „Wir schließen langsam die Augen und spüren wie die ganze Spannung von uns abfällt. Begib dich an einen Ort voller Ruhe und Zufriedenheit. Hier kannst du abschalten und dich entspannen. Dein Kopf liegt fest auf dem Boden, du fühlst wie er auf der Matte liegt. Auch deine Schultern berühren den Untergrund und fühlen sich entspannt und wohl gebettet an. Von den Schultern aus fühlst du deinen gesamten Rücken bis zur Lendenwirbelsäule fest auf dem Boden liegen. Auch hier merkst du wie die Spannung langsam abfällt. Deine Arme liegen ruhig und entspannt neben deinem Körper. Sie fühlen sich leicht und unbeschwert an. Dein Gesäß und deine Oberschenkel liegen genauso wie deine Waden und Füße bequem auf dem Boden und fühlen sich schwerelos an. Du entspannst dich, atmest tief aus und wieder ein. Und nochmal. Langsam und kontrolliert. Ein und aus. Dir wird warm an deinem Ort der Entspannung und du fühlst dich gut. Du schaust dich an deinem Ort um, du siehst was dir gefällt. Atme nochmals tief ein und fühle deinen Körper wie er sich entspannt. Du wirst ein wenig müde, weil es sich angenehm anfühlt an deinem Ort. Dein Körper und dein Geist befinden sich im Einklang. Lass es auf dich wirken und nimm es wahr. (30 Sekunden Sprechpause) Du spürst einen sanften, warmen Wind auf deiner Haut. Er ist angenehm und weckt in dir deine Sinne. Er beflügelt dich aus dem Tiefsten deines Körpers mit neuer Energie. Du bleibst liegen und atmest tief ein und wieder aus. (30 Sekunden Pause) Du fühlst dich frisch und wie neu geboren. Langsam begibst du dich auf deine Heimreise und nimmst die Wärme und Entspannung mit. Beginne nun deine Beine und deine Arme langsam zu bewegen. Strecke dich, um aus deiner Phantasiewelt zurück zu kommen. Nimm wahr, wie du deine Körperteile nach und nach bewegst. Wenn du magst öffne die Augen und | | | |

| | | atme tief durch. Du bist zurück. | | |
|---|---|---|---|---|

## 4.4 Begründung

Die Übungen im Hauptteil wurden in beschriebener Reihenfolge ausgewählt, da in ständige Positionswechsel vermieden werden sollen. Die erste Übung „Butterfly Revers" beginnt im Stehen, danach wird in eine kniende und dann liegende Position übergegangen. Die letzte Übung ist in Rückenlage, damit systematisch ohne einen Positionswechsel in das Cool-down II übergegangen werden kann. Des Weiteren ist die Übungsreihenfolge so konzipiert, dass einfache Übungen vor den schwereren Übungen ausgeführt werden. Dies dient führt dazu, dass durch beobachten von Übungsausführungen der Teilnehmer entschieden werden kann, ob die Gruppe die Übung ausführen kann.

## 5 Literaturverzeichnis

Eifler, C. (2016), *Studienbrief Gruppentraining I* (Rev. 15.016.000), Saarbrücken: Deutsche Hochschule für Prävention und Gesundheitsmanagement.

## 6 Tabellenverzeichnis

Tab. 1: Ausgewählte Kraftübungen im Kursbereich und ihre Erscheinungsform ...................................... 3
Tab. 2: Schritte der Ausdauerleistungsfähigkeit im Kursbereich und deren Erscheinungsform ............... 5
Tab. 3: Dehnübungen und dazugehörige Dehnmethoden ......................................................................... 5
Tab. 4:: Übungen intermuskuläre Koordination ....................................................................................... 6
Tab. 5: Kursplan ........................................................................................................................................ 8
Tab. 6: Allgemeine Erwärmung WSG .................................................................................................... 11
Tab. 7: spezielles Aufwärmen WSG ....................................................................................................... 11
Tab. 8: Hauptteil WSG ............................................................................................................................ 12
Tab. 9: Cool-down II WSG ..................................................................................................................... 13

# BEI GRIN MACHT SICH IHR WISSEN BEZAHLT

- Wir veröffentlichen Ihre Hausarbeit, Bachelor- und Masterarbeit

- Ihr eigenes eBook und Buch - weltweit in allen wichtigen Shops

- Verdienen Sie an jedem Verkauf

Jetzt bei www.GRIN.com hochladen und kostenlos publizieren